BLACK BOOK
OF THE
Endangered Species

BY
Vladimir Levchev

TRANSLATED FROM BULGARIAN
BY HENRY TAYLOR
WITH THE AUTHOR

The Word Works
INTERNATIONAL EDITIONS
Washington DC

First Edition
First Printing
Black Book of the Endangered Species
Copyright © 1999 by Vladimir Levchev

Reproduction of any part of this book in any form or by any means, electronic or mechanical, including photocopying, must be with permission in writing from the publisher. Address inquiries to:

    The WORD WORKS, PO Box 42164, Washington, DC 20015.

Book design, typography by Janice Olson
Cover art by Marta Levcheva

Library of Congress Number: 98-061424
International Standard Book Number: 0-915380-42-0

ACKNOWLEDGMENTS

The poems 'Herring Gull,' 'Pigeon,' 'Elephant,' 'Tree' ,'Postcard,' 'Leaves of a Drying Tree,' 'Bluebell,' 'Dundee Reflected in the Tay River,' 'Blue Pond at Berkovitsa,' and 'The Refugee,' translated into English by Henry Taylor with the author, were published in *Leaves from the Dry Tree*, Merrick, NY: Cross-Cultural Communications, 1996.

'The Refugee' was first published in *Poetry,* Chicago, IL; 'Herring Gull' in *Poet Lore,* Bethesda, MD; 'A Library in Washington, DC' in *Poet's Attic,* Philadelphia, PA; 'Leaves from the Dry Tree,' 'Elephant,' and 'Tree' (appearing here as 'A Tree by the Road') in *WordWrights!,* Washington, DC.

The 25-word poem 'My Home Town' got an Excellence Award in the 1999 letter contest 'A Brief Message from the Heart' organized by Marukao-cha Cultural Foundation and Portland State University.

КРЪСТОВИЩА  INTERSECTIONS

48	Дърво край пътя • A Tree by the Road	49
50	Картичка • Postcard	51
52	Дърво – 2 • Tree – 2	53
54	Листа от съхнещо дърво • Leaves of a Drying Tree	55
56	Водорасло на съня • Seaweed of Sleep	57
58	Вътрешен екран • Inner Screen	59
60	Вдовица в Новорусийск • Widow in Novorusiysk	61
62	Моят роден град • My Home Town *written in English*	63
64	Град Дънди се оглежда в река Тей • Dundee Reflected in the Tay River	65
66	Синчец • Bluebell	67
68	Синият вир край Берковица • Blue Pond at Berkovitsa	69
70	Една библиотека във Вашингтон • A Library in Washington, DC *written in English*	71
	• The Last Villanelle *written in English*	75
76	Недосънувано • Interrupted Dream	77
78	Невъзвръщенец • The Refugee	79
80	Опаковане • Packing	81
82	Notes	82

TABLE OF CONTENTS

УСПОРЕДНИ СВЕТОВЕ  PARALLEL WORLDS

8	Гларус • Herring Gull	9
10	Маймуна • Monkey	11
12	Лабораторна грешка • Laboratory Error	13
14	Гълъб • Pigeon	15
16	Бездомно куче в София • Stray Dog in Sofia	17
18	Слон • Elephant	19
20	Оса • Wasp	21
22	Врабче • Sparrow	23
24	Жираф • Giraffe	25
26	Оркестър • Orchestra	27
28	Леопард • Leopard	29
30	България • Bulgaria	31
34	Две кенгура • Two Kangaroos	35
36	Кокошка и яйце • Hen and Egg	37
38	Нощен хиподрум • A Night Hippodrome	39
40	Любов • Love	41
42	Кукувица • Cuckoo	43
44	Отхвърлен лист • A Rejected Leaf	45

And out of the ground the Lord God formed every beast of the field, and every fowl of the air; and brought them unto Adam to see what he would call them: and whatsoever Adam called every living creature, that was the name thereof.
Genesis 2:19

. . . The black book of the endangered species grows larger every day.

УСПОРЕДНИ СВЕТОВЕ I

PARALLEL WORLDS I

ГЛАРУС

Привечер на плажа -
старци в бяло с дълги сенки -
гларусите крачат
и си приказват.

Ние не знаем езика им.
Но слушаме.

Морето идва като в сън
и съобщава нещо драматично.

Ние не знаем езиците
на вятъра, на залеза и на звездите.
Но слушаме.

Като деца
играехме на развален телефон.
Някой ти прошепва думи.
Ти се мъчиш да ги разгадаеш
и ги прошепваш на някой друг.

Ние не знаем първата дума.
Но слушаме.

Така създаваме
успоредни светове.

HERRING GULL

On the beach before dark
the herring gulls,
old men in white with long shadows,
strut and chat with each other.

We don't know their language.
But we listen.

The sea comes as in a dream,
delivering a dramatic report.

We don't know the languages
of the wind, the sunset, the stars.
Still we listen.

As children
we played a game called 'broken telephone.'
Someone whispers words to you.
You guess what they are
and whisper them to someone else.

We don't know the first word.
But we listen.

And so we make
our parallel worlds.

МАЙМУНА
(изгонена от земен рай)

В Сухуми, в рая на земята, сред палми и портокали, видях резервата за маймуни. Затворени зад високи стени, зад мрежи с ток, те бяха събрани тук с научни цели: маймуни с мутирали задни части, зачервени и дебели; маймуни с лилави злобни мутри, които хапят; маймуни просяци, които правят цигански кълба и подават шепа за бонбон към любопитната тълпа... Екскурзоводката ни обясни, че за няколко месеца били изяли цяла джунгла зад стените. Затова сега живеели в пустиня... В Сухуми, сред палми и портокали, видях резервата за маймуни. Бяха наказани за някакъв неясен грях.

MONKEY
(expelled from an earthly paradise)

In Sukhumi, in this earthly paradise, among palm and orange trees, I saw the monkey preserve. Kept behind high walls and electric fences, they were here for scientific reasons: monkeys with mutated behinds, red and fat; monkeys with vicious purple mugs that bite; beggar monkeys making somersaults and stretching hands to the curious crowd for candies. . . The tourist guide told us that in a couple of months they had eaten a whole jungle behind the walls. That's why they were living in a desert now. . . In Sukhumi, among palm and orange trees, I saw the monkey preserve. They were punished for some unknown sin.

ЛАБОРАТОРНА ГРЕШКА

Като врабче
с орелски крила
тялото ми изнемогва
под тежестта на душата.

То не умее да я ползва приживе.
А тя не може да го има
след това.

LABORATORY ERROR

Like a sparrow
with eagle's wings
my body breaks down
under the burden of soul.

It can't use the soul while alive.
And the soul can't have it
after that.

ГЪЛЪБ

Гълъби - въздушни плъхове -
с парцаливи пера и червени очи
кълват хляб, кости, мухлясали праскови
разпиляни по терасата.
Отвратен съм от тези символи
на мира. И от хората.

Черна врана
пада от небето.
Гълъбите се разбягват.
Враната докопва бебе-гълъб,
изкълвава му корема
и захвърля кървава пихтия.

По ръба на терасата
гълъбите чакат с гръб,
пристъпват неловко,
правят се че не виждат.

Когато дойде черната врана,
гълъбите са на път
да ми станат симпатични.

PIGEON

Pigeons, rats of the air,
with shabby feathers and red eyes,
peck at bread, bones, moldy peaches
spilled on the terrace.
I am disgusted with these symbols
of peace. And with people.

A black crow
drops down from the sky.
The pigeons scatter off.
The crow snatches up a baby pigeon,
stabs many times at its belly
and throws the bloody heap away.

At the edge of the terrace
the other pigeons wait,
their backs turned,
stepping uneasily,
pretending not to see.

When the crow comes
I almost sympathize with pigeons.

БЕЗДОМНО КУЧЕ В СОФИЯ

Като голи човешки сърца
с изплезени езици
по улиците тичат кучета.

Пренасят паразити,
ровят боклуците.
Нощем за кураж
се събират на глутници.
Тогава стават опасни.

Денем гледат тъжно,
просят внимание или парче геврек
от минувачите.

Навикът е строг господар.
Той превръща кучетата в хора.

STRAY DOG IN SOFIA

Dogs with hanging tongues
run the streets
like naked human hearts.

Digging in the garbage,
they transfer vermin.
At night, to cheer themselves,
they gather in packs
and become dangerous.

But in the daylight they look sadly at you,
begging for attention
or a gevrek crumb.

Habit is a strict master.
He turns dogs into human beings.

СЛОН

И термитите
имат своята земя.
Те обитават вавилонски кули
на стотици етажи.

Но на земята,
която обитава слонът,
термитите не съществуват.

Както си върви невъзмутимо,
тази топла късогледа планина
случайно стъпва в ловните полета
на термитите.

Един отряд от граничари
влиза в хобота му на разузнаване.
Слонът киха и се чуди
от какво ли е настинал.

Тогава като профетични тръпки
го облазват милиардите.

Те работят върху слона неуморно:
докато бъде разчленен на песъчинки,
докато бъде окончателно преведен
на земята на термитите.

ELEPHANT

Termites too
have a land of their own.
They dwell in Babylonian towers
hundreds of stories high.

But in the world of the elephant
there are no termites.

Walking unaware
this warm shortsighted mountain
accidentally treads upon
the termites' hunting grounds.

A detachment of border guards
goes up his trunk
to reconnoiter.
The elephant sneezes
and wonders
when he caught a cold.

Then like prophetic thrills
the billions crawl over him.

They work on the elephant restlessly.
Until he is dismembered into grit:
until he is finally translated
into the land of termites.

ОСА

Чувствам се като оса
между двете стъкла на прозорец.

От едната страна е
зелено майско утро.
От другата страна е
тъмна тайнствена стая.

Пленена по средата
аз пея и умирам в самота.

WASP

I feel like a wasp
between two window panes.

On one side
is the green May morning.
On the other side
is the mysterious dark room.

Caught between,
I sing and die in solitude.

ВРАБЧЕ

Слънцето е тъмножълто.
Листата на върбите
са огледалца - звънят
над светещи води.

Неми хора с черни лица
питат защо.

Слънцето се подува
и почервенява на запад.
Става космически кораб.
От него слизат
милиони врабчета.
Викат към мен,
обвиняват ме
за края на тази планета.

SPARROW

The sun is dark yellow.
The willow leaves
are mirrors, ringing
above the lit up waters.

Mute people with shadowed faces
ask why.

The sun is swelling
and reddening in the west.
It becomes a space-ship.
Millions of sparrows
disembark.
They shout at me
that the planet is ending
and I am to blame.

ЖИРАФ

Жирафът пасе от дървото.
Това което за нас е
недостижимо,
за него е по-близко от земята.

Но като всяко земно същество,
което се храни от небето
и прилича на сън,
жирафът лесно си чупи врата.

GIRAFFE

The giraffe grazes from a tree.
What we cannot reach,
is nearer to him
than the earth.

Still, as a creature of the earth
who feeds on the sky,
who resembles a dream,
the giraffe easily breaks his neck.

ОРКЕСТЪР

1.
Едно животно
от астралния свят:
черно и бяло,
с кафеви полирани устни
и малки кръгли усти.
С мустаци от конски косми
опънати на пръчки,
които нервно подскачат,
докато устните пеят.
Едно животно с медни
и дървени хоботи:
то пее своята душа, а тя е
ангелския свят, -
света на чистите идеи.

2.
Азбуката също е
един оркестър, който пее
с флейтите на гласните,
с тъпаните на съгласните
нашите небесни мисли.

ORCHESTRA

1.
An animal
from the astral world,
black and white,
brown polished lips
and small round mouths,
horsehair mustaches
stretched on sticks,
nervously jumping
as the lips sing.
An animal with brass
and wooden trunks:
it sings its soul,
the world of pure ideas—
the angels' world.

2.
The alphabet also
is an orchestra that sings
with vowel flutes
and consonant drums
our celestial thoughts.

ЛЕОПАРД

Това стихотворение
е леопардова кожа.

Може да послужи
за украса
в аристократичен дом,
за наметка
на шаман,
за прехрана
на музеен молец.

Това стихотворение е спомен
за рядък екземпляр.

Изгаряна от гладни земеделци,
джунглата изчезва
ден след ден.

LEOPARD

This poem is
a leopard skin.

It could be
decoration
of an aristocratic house,
cloak
of a medicine-man,
sustenance
of the moths in a museum.

This poem is the memory
of a rare jungle specimen.

Burned by hungry farmers,
the jungle disappears
day after day.

БЪЛГАРИЯ

В черната фуния на окото ми,
във водовъртежа на годините
виждам България.
Слънцето подскача от топола на топола -
златен велосипед по стар паваж:
сълза в окото.

Идва миризма на изгорели години.
Жените по басмени рокли
пекат червени чушки
в трептящата трева пред блока.
А вятърът издига миризмата
за свое знаме -
то е изписано с неясни гласове -
на деца
или на духове.

Празното небе расте по залез:
то влиза, по-голямо и по-черно от морето,
в тясната фуния. . .

Чувам следобедно пиано
в безвремието.

Прозорците са многото огледала
на залезната ми душа:
пълни с лъскав мрак
и ослепяващ блясък.

BULGARIA

In the black funnel of my eye,
like a whirlpool of the years,
I see Bulgaria.
The sun jumping from poplar to poplar,
a bicycle of gold on old pavement:
like a tear in the eye.

Now a smell of burnt-out years.
Women in cotton print dresses
are roasting red peppers
on the grass trembling by the concrete building,
and the wind raises the smell
for his flag—
it is inscribed with distant voices
of children
or ghosts.

The empty sky grows in the sunset.
It falls, bigger and blacker than the sea,
into the narrow funnel. . .

I hear an afternoon piano
in the timelessness.

The windows are many mirrors
to my sunset mind;
they are full of polished darkness
and blinding glitter.

Но вечер
огледалата светват отвътре
и виждам - там живеят други хора.

Още по-далече -
през ливади, песни и гори -
назад към детството
в черен парен влак
едно момче разглежда
избеляло одеяло:
мърдат в шарките чудовища
и морета, и градове,
и трева над пресен гроб...

И всички политици
(особено жълтелите с десетилетия
по стени на класни стаи),
и всички уводни статии
са незначително детайлче
в шарките на одеялото,
в ръцете на детето,
във влака забързан през България,
в България забързана през времето,
в черната фуния на окото ми...

Вашингтон
25 септември 1994

But in the evening
the mirrors light up inside,
and I see people are living there.

And I see even further,
through meadows, songs, and forests,
back to childhood,
in a car behind the black steam engine,
a boy examines
a faded blanket:
in the patterns, monsters move,
and seas, and cities,
and the grass on a new grave...

And all the politicians
(especially those who yellowed
through the decades
on the classroom walls),
all the front-page stories,
are a tiny detail
in the patterns of the blanket
in the hands of the child
in the train, hurrying through Bulgaria,
in Bulgaria, hurrying through time,
into the black funnel of my eye . . .

Sept. 25, 1994
Washington, DC

ДВЕ КЕНГУРА

Старата книга
е дебело кенгуру
с протрита кожа,
което носи в джоба си
други светове.

Животно, бременно
с южни звезди.
Тяло, което ражда
стари духове.
Книгата е вече на изчезване.

Измества я екранът на компютъра.
Той няма мирис.
Няма история.
Няма следи от ръце и пътища
по тялото.
Няма тяло.

Екранът носи в джоба си
цифрите -
малките скелетчета на света.

TWO KANGAROOS

The old book is
a fat kangaroo
with frayed skin, carrying
other worlds in its pocket.

An animal pregnant with
southern stars.
A body
giving birth to old spirits.
The book is vanishing.

A computer screen is taking its place.
The screen has no smell.
No history.
No traces of hands and lips
on its body.
No body at all.

What the screen is carrying in its pocket
are numbers—tiny skeletons
of the world.

КОКОШКА И ЯЙЦЕ

Кокошката е измътила
гъши яйца.
Води своите пиленца
покрай реката.
Изведнъж те скачат вътре
и плуват.
Кокошката пърха и кудкудяка
в ужас наоколо...

Ти ходиш нощем по водата,
или затъваш в блато,
или се хвърляш от петнайстия етаж -
потен, ужасен от себе си.

Това което си в съня си
не ти пртинадлежи.
То скача в реката и отплува,
говорейки на чужд език.

HEN AND EGG

The hen has hatched
goose-eggs.
She leads her chicks
down by the river.
Suddenly they jump in
and they swim.
The hen flutters and clucks
in terror by the river.

At night you walk on water,
or sink in a bog,
or jump from the 15th floor
sweating, terrified by your own self.

What you are in your dream
is not yours.
It jumps in the river and swims away
talking in an unknown language.

НОЩЕН ХИПОДРУМ

на Хенри Тейлър

Лъскави черни мускули
и луна в окото -
тъмни зали и коридори
в мозъка на коня.
Гривата плющи.
Летиш.

Долу жълти и червени ромбове
възбудено сядат и стават
по пейките на нощта:

Този кон ще победи!. . .

Детето се събужда.
Конят и конникът
отминават в отминалото,
откъдето са дошли.

A NIGHT HIPPODROME

To Henry Taylor

Sparkling black muscles
and a moon in the eye.
Dark halls and passages
in the brain of the horse.
The flapping of the mane.
You fly.

Yellow and red diamonds
excitedly sit down and stand up
at the benches of night.

This horse will win! . . .

The child wakes up.
The horse and the horseman
pass to the past
where they came from.

ЛЮБОВ

Ти си красива
като море в топла есен:
слънцето е зряла дюла,
мараня премрежва хоризонта,
твоите движения са сенки
върху огнен пясък...
Ти си красива.
И минава бърза усмивка -
сянка на гларус по водата.

Ти ме обсебваш
като самота на бели
късни дюни под вятъра.
Ти ме обсебваш
като дълготраен миг преди заспиване:
Като разходка с количка под златните
тополи на първата година.

Недостъпна!
Недостъпна си като отминалия ден.
(Сега сънят ме връхлита и стряска:
придошло море в студена нощ.)
Недостъпна си като миналото
на човека без бъдеще.

Не ми остава нищо друго,
освен да си представям, че сме заедно.
И да те целувам
в студа, под самотата на звездите.

Обичам те,
защото не съществуваш.

LOVE

You are beautiful
like a sea in the warm fall:
the ripe quince of the sun,
the horizon swimming with haze.
Your movements are shadows
on the flaming sand. . .
You are beautiful.
And a swift smile passes:
the shadow of a gull on the water.

You take possession of me
like the solitude of white dunes
under the thorns, the wind, the sunset.
You take possession of me
like the calm instant before sleep:
like a ride in a stroller
under the golden poplar trees of the first year.

Untouchable!
You are untouchable, like yesterday.
(Now that dreams rush on and startle me:
a swelling sea in the cold night.)
You are untouchable like the past
of the man without a future.

Nothing else is left for me,
but to imagine we are together
and kiss you in the cold
under the solitude of stars.

I love you,
because you do not exist.

КУКУВИЦА

Кукувицата е снесла
яйцата на времето
в твойто гнездо.
Вятърът бушува в океана
на високите борове.
Пътеката нагоре към залеза
минава през нощта.
Мъхнато Мече ухо
помахва за поздрав...

Единствен огнен лъч е паднал
върху камъка в потока,
където детето
ще стъпи.

CUCKOO

The cuckoo has laid
the eggs of time
in your nest.
Wind raves in the ocean
of tall pines.
The path up to the sunset
winds through night.
Mossy Rabbit's Ears
wave at your passing. . .

A single fiery beam
falls down on the pebbles in the creek,
where the child is about to step.

ОТХВЪРЛЕН ЛИСТ

Червените листа
подскачат като гневни жаби по асфалта.
Мъртви са,
но не мирясват.
Шепнат и светят по пътя
в безлунната нощ.

A REJECTED LEAF

Red leaves
jump like angry frogs down the asphalt.
They are dead
but not in peace.
They whisper and glow on the road
in the moonless night.

II
КРЪСТОВИЩА
INTERSECTIONS II

ДЪРВО КРАЙ ПЪТЯ

на Роланд Флинт

Защо да се движа,
когато светът сам минава през мен?
Защо да говоря,
когато вятърът шепне в листата ми?

Години живея
без да се разграничавам от смъртта.
Приемам тор
и давам плодове.

Защо да преча на природата
да ме създава и убива?

Моят труд е Недеянието.
Не мириша на пот,
а на цвят.

A TREE BY THE ROAD

To Roland Flint

Why should I move,
when the world itself passes through me?
Why should I speak,
when the wind whispers in my leaves?

Through long years of living
still always touching death
I make fruit
from manure.

Why should I thwart nature
as she makes and unmakes me?

My work is Repose:
I don't smell of sweat,
but of flower.

КАРТИЧКА

Слънчево дърво, трептящо
като мадона на Леонардо.
През него прозира синьо.
В края на септември,
в края на пясъка
в края на морската пяна,
шепот и пулс
на черния фон на смъртта.

Всяка година
изпращам тази картичка в съня си
без да зная на кого.

POSTCARD

A tree in sunlight, trembling
like Leonardo's Madonna.
The blue shows through it.
At the end of September,
at the end of the sand,
at the end of the sea spume,
a whisper and a pulse
against the black background of Death.

Once a year
in my night dreams
I send this postcard,
not knowing to whom.

ДЪРВО - 2

Под късна пълна луна
или в предизгревно светене
дървото диша
и мълчи
отрупано с бял цвят
или сухи буци сняг.

В листата му шепне цимент
или разсипано сребро.
Звънят листата му във вятъра,
в тишината на съня.

Бялото дърво мълчи
и ти казва важното
за нещо много лично твое:
за твоето отсъствие.

TREE – 2

Under the full moon
or in the light of dawn
the cherry tree breathes
in its frame of silence
heavy with blossom
or clumps of snow.

Cement rustles in its leaves
or dry dream silver:
the leaves chime in the wind,
in the stillness of sleep.

The white tree is silent
telling you all that matters,
about something privately yours,
about your absence.

ЛИСТА ОТ СЪХНЕЩО ДЪРВО

Дървото съхне,
а листата са зелени.
Шепнат на слънце
над хралупата,
в която има нощ.

И колкото по-старо е дървото,
толкова по-красиви са листата!
Колкото по-близо сме до залеза
или до есента,
колкото по-тъжно вият и се вият
вечерни комари и планети,
толкова по-красиви са листата!

Зелените листа,
които шепнат
нищо.
Светлите листа,
които пеят
на вятъра.

Това са моите мисли.
Но те не ми принадлежат.

Листата са отделни малки
самотни същества,
поникнали от съхнещо дърво.
Само самотата
ни сродява...

Те са тъмни млади хора,
които сами си говорят
в тълпата, на площада
в лудия залезен град.

LEAVES OF A DRYING TREE

The tree is drying out
but the leaves stay green.
In the sun, they whisper
over the hole in the trunk
where night has gone.

The older the tree
the more beautiful the leaves.
The closer we come to the sunset
or to the fall,
the more sadly evening mosquitoes and planets
whine and whirl,
the more beautiful the leaves.

Green leaves
that whisper
nothing.
Bright ones
that sing vainly
to the wind.

These are my thoughts.
Yet they don't belong to me.

The leaves are separate, small,
lonely beings,
sprouted from a drying tree:
Loneliness
makes us kin.

They are the dark young
who speak to themselves
in the crowd down on the square,
in a crazy sunset town.

ВОДОРАСЛО НА СЪНЯ

Нощ е. Сянката на клон
се люлее по тавана.
Аз съм дете
и спя.
Но чувам разговор
от съседната стая.

И танцуващата сянка
става този разговор.

Чувам далечна музика.
Някъде телата на момчета и момичета
се прегръщат.

И говорещата сянка
става този танц.

Долу минава кола.
Фаровете ѝ са златни плодове,
които падат от сянката.

И дървото се премества по тавана,
както през сезоните.

Вече знам,
че аз съм тази сянка.
Дървото ме сънува.

SEAWEED OF SLEEP

It is night. The shadow of a bough
is swinging on the ceiling.
I am a child,
sleeping.
I can hear a conversation
in the next room.

And the dancing shadow
becomes this conversation.

I can hear a distant music.
Somewhere the bodies
of boys and girls touch.

And the talking shadow
becomes this dance.

A car passes down below.
The lights are golden fruit
falling from the shadow.

And the tree moves on the ceiling
as if through the seasons.

Now I know
that I am this shadow:
The tree is dreaming me.

ВЪТРЕШЕН ЕКРАН

Сънищата също са рекламни клипове.
Но не знаем за какво ни агитират.

Кораб в синьото море
под огромна луна
и глас зад кадър -
или зад небето. . .
Ние чуваме само мелодията на гласа.
Но в съня си го разбираме.

Някакви компании - невидими и немислими -
се разрастват нощем в твоя ум. . .

Виолетово ледена
е планината на мамонтите.
Небето - тъмно по пладне.
Земята - бяла от град.
На пазара хора в бели шлифери
продават спомени.

Каква е тази безумна
индустрия на нощта?

Сънен следобед
с ясни облаци -
абстрактни живи тела
над пристанището.
Горещият вятър идва
над празния кей
с носталгия по някаква земя
където си бил,
когато не си бил.

INNER SCREEN

Dreams are commercials, too.
But we don't know what they are pleading for.

A ship in the blue sea
beneath a vast moon,
and a voice behind the frame,
or behind the sky.
We hear the melody of the voice only,
only in our dream we understand it.

Invisible, unthinkable companies
grow in your mind at night.. . .

Purple and icy
the mountain of the mammoths.
The sky dark at noon,
the ground white with hail.
At the marketplace, people with white raincoats
are selling memories.

What is this industry
of night?

A drowsy afternoon
with clear clouds:
abstract living bodies
above the harbor. . .
The hot wind comes
to the deserted quay
homesick for a land
where you were
when you were not.

ВДОВИЦА В НОВОРУСИЙСК

Южно море и дървета
бели от циментов прах.
Позеленели от влага
бетонни блокове.
Новорусийск се гордее
с грозния паметник на загиналите
при един безсмислен десант.

Градът прилича
на тази млада вдовица
със скъсани чорапи,
с пеньоар и чехли,
която крачи срещу туристите.

Тя знае,
че да те съжаляват не е хубаво.
И не иска да я съжаляват.
Просто иска да сконфузва.

1988

A WIDOW IN NOVORUSIYSK

A southern sea and trees
white with cement dust.
Sweating concrete buildings
turned green.
Novorusiysk is proud
with its ugly monument to the perished heroes
of a senseless troop landing.

The city resembles
that young wrinkled widow
in torn stockings,
a dressing gown and slippers,
who walks against the tourists.

She knows
it is no good to be pitied.
And she does not want to be pitied.
But she hopes to embarrass.

1988

МОЯТ РОДЕН ГРАД

Подземните лечебни води
мият мозаични лица на византийски
принцеси и светци.
А над земята утоляват
жаждата на тъжни старци и бездомни кучета.

MY HOME TOWN

Underground medicinal waters
wash mosaic faces
of Byzantine princesses and saints.
Above the ground they quench the thirst
of sad old people and stray dogs.

ГРАД ДЪНДИ СЕ ОГЛЕЖДА В РЕКА ТЕЙ

на Дъглас Дън

Ритъм на влак по железния мост върху залива,
сирена ехти от звезда на звезда.
Градските лампи са метеорити застинали
в прозрачния мрак на дълбока вода.
Бели завеси се веят високо над сцената -
фасади от камък, часовник и дъжд.
Стъпки сред пари кафеви: сама по паважите
в жена се оглежда душата на мъж.
В жена се оглежда душата на мъж. . .
Стъпки сред пари кафеви обхождат паважите -
фасади от камък, часовник и дъжд.
Бели завеси се веят високо над сцената.
В прозрачния мрак на дълбока вода
градските лампи са метеорити застинали.
Сирена ехти от звезда на звезда. . .
Ритъм на влак по железния мост върху залива.

DUNDEE REFLECTED IN THE TAY RIVER

To Douglas Dunn

The rhythm of a train on the iron bridge over the firth,
a siren echoes from star to star.
The town's lights are meteors frozen down
in the deep water's transparent dark.
White curtains wave high over the stage:
a stone frontage, a clock, and rainfall.
Steps through brown vapors: alone on the pavement
a man reflects in a woman his soul. . .
A man reflects a woman in his soul. . .
Steps through brown vapors sound on the pavement.
A stone frontage, a clock, and rainfall:
white curtains wave high over the stage.
In the deep water's transparent dark
the town's lights are meteors frozen down.
A siren echoes from star to star,
the rhythm of a train on the iron bridge over the firth. . .

СИНЧЕЦ

в памет на Данила Стоянова (1962-1984)

В урагана, в тъмното стърнище
светлият синчец - око на нищо -
с уязвимост мълнии смущава.
Съскат нажежените чинари,
пада гръм и камъните пари...
Уязвим, синчецът наблюдава:
той самият синевата става.

Синевата - крехко кратко цвете
от магнитни бури просветлено
диша в мрака: синьо над зелено
трепка и цъфти и прецъфтява -
катастрофи звездни съзерцава.
В ужаса на тъмната вселена
кой довя и посади небето?

Кой обича всичко краткотрайно:
слънчев лъч, зачатието тайно
и историята на земята?
Малък ще е Той - като сълзата
от окото ти (за миг) изгряла
в бурите на вечната раздяла:
мигащ фар в морето на смъртта...

BLUEBELL

In memory of Danila Stoyanova (1962-1984)

In the hurricane, amidst the stubble
the bright bluebell, nothing's eye,
is too small for the lightning to strike.
The sycamores, red-hot, hiss in the rain,
a bolt strikes the field, rocks are scalded. . .
Unable to take cover, the flower stands watch
and at last becomes the blue sky.

Sky—short-lived and fragile flower,
brightened by magnetic storms,
breathing in the darkness, blue atop green—
it flickers, blooms, fades,
beholds the death of stars.
In the horror of the dark cosmos
who blew in the seed of the sky?

He who loves all fleeting things—
a ray of sun, each conception,
the history of the earth itself—
he could be as small as the tear
that brims in your eye
in the storm of the constant parting:
a flashing beacon in the sea of death.

СИНИЯТ ВИР КРАЙ БЕРКОВИЦА

Изплувахме голи от синия вир,
а той ни нахлу в сетивата.
Изкачвахме дълго усоен баир -
студът ни разпали по залез телата...

Далече, по пътя, аз виждам, вървим.
Но пътя ни в мен е отивал.
И огънят в двора не бил само дим.
Звездите ме парят, когато заспивам.

На влажен чаршаф, върху старо легло
аз влязох в съня ти тогава.
Сега той пулсира по мойто чело,
той моята гола душа обладава.

Бюрото и лампата - кръг светлина
в разпенен поток, в планината.
Ухае на бор, снегове и злина.
А долу син залез обхожда земята.

Тревата дъхти на увяхнало лято -
най-сладко дъхти окосена.
По-топла и близка е днес синевата
под празната тъмна вселена.

Луната е няма. Червена - прилича
на рана, която расте тази вечер.
Животът - отворен - кърви, изтича.
Смъртта на света е вечна.

BLUE POND AT BERKOVITSA

We swam naked out of the pond,
and the pond flew into our senses.
We climbed up the afternoon slope
and the chill inflamed our bodies.

Down the road I saw us walking.
But the road was leading inside me.
That bonfire was not only smoke:
the stars still singe me as I fall asleep.

On a damp sheet on an old bed
I entered your dream that evening.
But now it pulses on my forehead,
making love to my naked soul.

The desk and the lamp—a circle of light
in a churning creek, in the mountains. . .
A scent of pine and snow and menace
and, down below, a blue dusk prowling.

The withered summer breathes from the grass.
The grass smells sweetest when freshly mown.
After we looked into the dark space
the blue sky seemed warmer and closer.

The moon is mute and red, resembling
a widening wound in the dark.
Life is open, it bleeds and drains.
Only the death of the world is eternal.

ЕДНА БИБЛИОТЕКА ВЪВ ВАШИНГТОН

(сестина)

От пътеката сред дълги рафтове
той вижда мрака напред в прозореца
и себе си, крачещ в бяло сияние,
с бяло, погълнато от мрака лице
в гигантския прозорец под падащ сняг.
'Десет' - меко цъква стенен часовник.

Като луна в читалнята, часовник
свети оттатък дългите рафтове.
А той чете белите букви от сняг
в черната страница на прозореца:
отразявайки там и свойто лице,
той крачи в неоновото сияние.

'Изход' е друго червено сияние
там отразено. Слепият часовник
в миг прекарва ръка по свойто лице.
А той чете. Безкрайните рафтове
продължават в нощта, в прозореца
изпълнен с безмълвно падащия сняг.

Пред него букви от негативен сняг
падат по листа в прозрачно сияние.
Нощта е бяла на листа в прозореца.
Забравил сабите на часовника
тихо кръжащ над книжни рафтове,
на сляп часовник прилича по лице:

A LIBRARY IN WASHINGTON, DC

(Sestina)

Walking down the aisle between the book-shelves,
he sees darkness ahead in the window
and himself walking under the white light:
white and absorbed in the darkness his face
moves in the large window in falling snow.
'Eleven,' ticks softly the wall-eyed clock.

In the library the moon of the clock
shines at the other end of the long shelves.
He starts to read the white letters of snow
in the giant black page of the window,
projecting there his own sleepy face
as he walks under incandescent light.

And he passes by a red 'EXIT' light
reflected there; the quiet white clock
is moving a hand on its eyeless face;
he picks up a book, the infinite shelves
continuing in the evening window,
by now full of silently falling snow.

Before him, letters, like negative snow,
fall on the page in the ghostly smooth light:
the evening is white in the page-window—
and he forgets the two swords of the clock
silently moving above the book-shelves.
Blind, persistent, like a clock, is his face.

той има греещ сняг по свойто лице, -
лицето му пада навън в онзи сняг.
През прозореца книжните рафтове
минават вън в тебеширо сияние.
Призрачен като луна часовникът
свети далеч във вечерен прозорец.

Всичко пада през черния прозорец,
в който той си вижда бледото лице,
кръжащите саби на часовника
и буквите на изобилния сняг.
'Изход' - в стъклото червено сияние
го отвежда от дългите рафтове.

Но книгата от рафта е прозореца,
лицето му - книжна луна в сияние,
лицето му - часовник в нощния сняг.

There is cool and shining snow on his face—
that face is falling outside in the snow;
in the window the long row of book-shelves
is going on and on in chalky light,
and like a full moon the ghostly white clock
glitters afar in the evening window.

Everything falls down in the black window
where he discovers his pale ghostly face
under the circling slow swords of the clock
and the abundant letters of the snow.
In the dark window the red 'EXIT' light
leads him away from the long row of shelves.

The books from the shelves are his dark windows:
his face is a moon of the books: the light
comes from his clock-face in the evening snow.

THE LAST VILLANELLE

> *So he drove out the man and he placed at the east of the Garden of Eden Cherubims, and a flaming sword which turned every way, to keep the way of the tree of life.*
>   Genesis: 3:4

The eye of the storm is a cherub's eye
watching the city—the mother of whores;
a radio sings: 'Time, time, time, time

is on my side.' Now the twister outside
moves—like the finger of God—back and forth.
The eye of the storm is a cherub's eye.

The song of the birds is broken—that's why
the sun's growing darker, winter gets hot.
Time, time, time, time is on my side.

The strects are murky, the towers stand bright,
the house is deserted, the wind slams doors. . .
The eye of the storm is a cherub's eye.

The shadows stretch in the evening green light —
the finger of Science shifts back and forth.
Time, time, time, time is on my side. . .

The fallen city is towering high.
A radio echoes from empty stores:
Time, time, time, time. . . is on my side.
The eye of the storm is a cherub's eye.

НЕДОСЪНУВАНО

Трябваше да премина в друг свят. Не бях сигурен дали съществува. Беше екран на черно-бял телевизор. Гледах как в пращящи снежинки идва тълпа. Позната жена изведнъж ми махна и изчезна сред хората. Страх ме беше. Но напрегнах сили и скочих в екрана.

Залезът се движи в огромните листа на дърветата. Прилича на мисъл в полусън. Дърветата дишат. Друг свят озарява пейзажа. За кратко - и пада мрак.

INTERRUPTED DREAM

I had to pass to another world. I was not sure it existed. It was the screen of a black-and-white TV. I watched a crowd that was coming through crackling snowflakes. Suddenly a woman I knew waved at me and disappeared among the people. I was afraid. But I strained every nerve and jumped into the screen.

The sunset is moving in the enormous leaves of the trees. It looks like a thought in half-sleep. The trees are breathing. Another world illuminates the landscape: for a little. And darkness falls.

НЕВЪЗВРЪЩЕНЕЦ

1.
Всяка минута
има многомилионни градове
и небеса,
озарени бързи облаци,
запалени от залеза прозорци...
Всяка минута
има тайни коридори,
водещи към тъмни стаи.

Кой живее там?
Какво бихме си казали?
Как бихме заживели заедно?
Не зная.

Всяка минута отминавам
безброй врати
към вечния живот...

2.
Виновни сме душа, че знаем
за самотата си, за края.
Виновни сме.
И сме изгонени от рая.

Часовникът със двете саби
не ни допуска да се върнем
през входовете на минутите
в Безкрая.

THE REFUGEE

1.
Every minute
has its countless cities
and skies,
briefly illuminated clouds,
windows lit by the sunset. . .
Every minute
has its secret corridors
leading to dark rooms.

Who lives there?
What would we have said to each other?
How would we have lived there?

Every minute I pass
endless doors
to eternal life. . .

2.
My soul,
we have guilty knowledge
of our loneliness, of the end.
And our guilt keeps us
from Paradise.

The clock raises its two swords
across the path of minutes
we might have traveled to eternity.

ОПАКОВАНЕ

Това е картонена кутия.
На нея пише 5:47 ч.
Вътре има залез над гората:
великденско яйце
в зелена хартия.
Има още вятър.

В няколко десетки кутии
съм събрал остатъците от живота си.
Скоро ще се местя,
а не знам къде.
И не знам какво ще ми дадат
да взема със себе си.

PACKING

This is a cardboard box.
It is labeled 5:47 p.m.
Inside, there is a sunset above a forest:
an Easter egg
in green paper.
There is also wind.

In a couple of dozen boxes
I have gathered my life.
I'll be moving soon,
but I don't know where.
And I don't know what
I'll be permitted
to take with me.

Notes on the Text

P. 11: **Monkey** — Sukhumi is a city in Georgia (the former Soviet republic) on the Black Sea. Many official poets have used the metaphor of Earthly Paradise for Communism.

P. 17: **Stray Dog in Sofia** —Sofia is the capital of Bulgaria. Gevrek is a kind of bun looking and tasting like a larger bagel.

P. 61: **Widow in Novorusiysk** — Novorusiysk is an industrial Russian city on the Black Sea.

P. 65: **Dundee Reflected in the Tay River** — Dundee and the Tay river are in Scotland. Poets who have been impressed by the Tay river bridge include the unintentionally satirical W. MacGonagall in the 19th c. and D. Dunn, a famous contemporary poet of Dundee.

P. 69: **Blue Pond at Berkovitsa** — Berkovitsa is a town in northwestern Bulgaria.

P. 71: **A Library in Washington, DC** was the first poem the author ever wrote in English.

P. 75: **The Last Villanelle** — According to the *Dictionary of Symbols and Imagery:* Amsterdam-London: North Holland Publishing Co., 1974, a Cherub is: . . . *Egypt: many-winged, covered with eyes, symbolizing the night-sky, religion, and vigilance. . . Bible: at the East Gate of the Garden of Eden, armed with 'a flaming sword, which turned every way' (= lightning): connected with the Calendar Wheel. . . executors of God's will. . . also the cherubim of the Ark of Covenant were meant to symbolize stormy, cloudy skies, with lightning. . .'*
(See also **The Refugee**, on p. 79: The clock with the two swords. . .)

The quotations from the Bible are in the King James' version.

Author's Note

Reading a poem is already translation. It is translation from a verbal language into the language of your own inner feelings. But writing a poem is also translation from the language of your own inner feelings into a verbal language which many people could share. My motivation to translate a poem is similar to my motivation to write one.

We should write, or translate, only things that emotionally engage us. But translators, as well as authors, have to make a conscious effort to alienate themselves from their work after the first draft in order to see their mistakes. If you love the original blindly, you tend to love your own version of it too, and you remain blind to your technical or linguistic problems that might in fact destroy the original. Wordsworth's famous definition of poetry as "emotion recollected in tranquility" could be extended to translation of poetry, too.

There are no exact equivalents of words in any two languages. Even words like "bread" or "air" have slightly different meanings and different connotations in every language. That's why the translator could, and should, write the poem anew, without betraying the original.

It is very difficult to write well, and even more difficult to translate well, poetry into a language that is not your first language. A good translator must be a master of the language into which she/he translates. It is not as vital to be a master in the language you are translating from.

It feels much easier, of course, to translate your own poetry into another language, but the result is usually quite disappointing. I don't know all the subtle nuances of meaning and cultural associations of words in English, as well as I know them in Bulgarian.

That's why I am very grateful to Henry, who turned my rough literal translations into poetry in English.

Vladimir Levchev

Translator's Note

Writing poetry is often, if not always, a matter of conversing with those poets who have gone before; most good poetry is, to some extent, made out of poetry that already exists. Translation is a way of extending and deepening that conversation.

The problems of translating from Bulgarian are similar to the problems of translating from many other moderately-inflected languages: the key is knowing how a thing has been said--in what tone, with what over- and undertones. I have to rely on Vladimir for a lot of the information I get about that. At some point, though, the task of the literary translator comes down to this: can the translator write poetry somewhere near as well as the original author can? Sometimes I can't, but I give it a shot.

I labored for years under the prejudice that poets should not make translations based on other people's advice about what the poems say. It's a very limiting idea, it turns out, especially since the main thing one needs in order to make a translation of a poem is the ability to write poetry. I have some discomfort with complete ignorance of what the original says; some little learning, however dangerous, boosts my confidence.

Nobody needs to spend as many years as I did tied to the notion that deep knowledge of the language is essential to a good final product; but if one knows the original, one can see how far short one has fallen, here or there, or what the consequences are, exactly, of various decisions such as whether to use rhyme and meter in the translation of a rhymed and metered original. Once that sense is more or less ingrained, it is easier to feel in control of a project where the original is beyond you. Of course, if the advisor on the original is its author, as in the case of poems by Vladimir Levchev, then my attitude is, if it's okay with him, it's okay with me.

Henry Taylor

About the Author:

Photograph by George Petrov

VLADIMIR LEVCHEV is a Bulgarian poet, writer, critic and translator, residing in Washington, DC. He has 10 books of poetry, a book of essays, and a novel published in Bulgaria, as well as translations of poetry from English, Russian, Modern Greek, and Sanskrit. His poems have been translated into Russian, German, French, Greek, Turkish, Polish, Hungarian, and Punjabi. He wrote the chapter on Bulgarian literature for *Bulgaria in Transition*, edited by Dr. John Bell. His poetry has appeared in such publications, as *Child of Europe*, Penguin's Anthology of East European Poetry; *The Anthology of Magazine Verse & Yearbook of American Poetry; Clay and Star: Contemporary Bulgarian Poets*, etc. Founder and publisher of the the first Bulgarian independent magazine, *Glas* (Voice), Levchev featured some of the best known Bulgarian and East European dissidents. When *Glas* was banned by the Communist authorities, it was published underground, Levchev graduated from the MFA program in Creative Writing at the American University in 1996 as a Fulbright Scholar. He has taught at the University of Maryland, St. John's College in Annapolis, and the State Department's Foreign Service Institute.

About the Translator:

HENRY TAYLOR is Professor of Literature and Co-Director of the MFA Program in Creative Writing at the American University in Washington, DC. His collection of poems, *The Flying Change,* received the 1986 Pulitzer Prize in Poetry. His translations from Bulgarian, French, Hebrew, Italian, and Russian have appeared in many periodicals and anthologies; he has also published translations from Greek and Roman classical drama. His most recent collection of poems is *Understanding Fiction: Poems 1986-1996.*

About the Artist:

MARTA LEVCHEVA of Sofia, Bulgaria, graduated in 1985 from the National Academy of Fine Arts where she studied with the renowned Bulgarian artist, Ivan Kirkov. Her paintings have been featured in many collective and individual shows in Bulgaria, as well as in Washington, DC, and New York. She is author of a collection poetry entitled *A Portrait.*

About International Editions:

The Word Works' sense of community has often extended beyond national borders. Translation brings greater understanding of the world we live in and underlines the essential kinship of humanity behind the barriers of language differences. Our first translation project was *The Stones Remember*, an anthology of contemporary Israeli poets in translation, published in 1991. In 1999 we established the International Editions series with publication of an essential resource for scholarship: *Solomon Ibn Gabirol: A Bibliography of His Poems in Translation*. *Black Book of the Endangered Species* is the second in the series. We look forward to bringing poetry from other parts of the world through our International Editions.

The following individuals and organizations have contributed to the International Editions to make this book possible:

Jenny and Glenn Brown
Myong-Hee Kim
Karren L. Alenier
Eric Vesper
Milcho Leviev

A special thanks to the anonymous contributors.

About the Word Works:

THE WORD WORKS, a nonprofit literary organization, publishes contemporary poetry in collector's editions. Since 1981, the organization has sponsored the Washington Prize, now an award of $1,500 to a living American poet. Each summer, Word Works presents free poetry programs at the Joaquin Miller Cabin in Washington, DC's Rock Creek Park. Annually, two high school students debut at the Miller Cabin Series as winners of the Young Poets Competition.

Since Word Works was founded in 1974, programs have included: 'In the Shadow of the Capitol,' a symposium and archival project on the African-American intellectual community in segregated Washington, DC; the Gunston Arts Center Poetry Series (including Ai, Carolyn Forché, Stanley Kunitz, Linda Pastan, among others); the Poet-Editor panel discussions at the Bethesda Writer's Center (including John Hollander, Maurice English, Anthony Hecht, Josephine Jacobsen, among others); Poet's Jam, a multi-arts program series featuring poetry in performance; a poetry workshop at the Center for Creative Non-Violence (CCNV) shelter; the Arts Retreat in Tuscany; and, in 1999, Café Muse Literary Series at Strathmore Hall Arts Center.

Past grants have been awarded by the National Endowment for the Arts, the National Endowment for the Humanities, the DC Commission the Arts and Humanities, the Witter Bynner Foundation, and others, including many generous private patrons.

Word Works has an archive of artistic and administrative materials in the Washington Writing Archive housed in the George Washington University Gelman Library.

Please enclose a self-addressed stamped envelope with all inquiries. Find out more about the Word Works at

http://www.writer.org/wordwork/wordwrk1.htm

Other available Word Works books:

    Karren L. Alenier, **Wandering on the Outside**
    Karren L. Alenier, *ed.,* **Whose Woods These Are**
    Karren L. Alenier, Hilary Tham, Miles David Moore, *eds.,*
        Winners: A Retrospective of the Washington Prize
* Nathalie Anderson, **Following Fred Astaire**
    J. H. Beall, **Hickey, The Days...**
    Mel Belin, **Flesh that was Chrysalis** *(Capital Collection)*
* John Bradley, **Love-In-Idleness**
    Christopher Bursk, *ed.,* **Cool Fire**
    Grace Cavalieri, **Pinecrest Resthaven** *(Capital Collection)*
    Shirley Cochrane, **Family and Other Strangers**
    Moshe Dor, Barbara Goldberg, and
        Giora Leshem, *eds.* **The Stones Remember**
    Harrison Fisher, **Curtains for You**
    Isaac Goldberg, **Solomon Ibn Gabirol: A Bibliography of his**
        Poems in Translation *(International Editions)*
* Linda Lee Harper, **Toward Desire**
* Ann Rae Jonas, **A Diamond Is Hard But Not Tough**
* Elaine Magarrell, **Blameless Lives**
* Fred Marchant, **Tipping Point**
    James McEuen, **Snake Country** *(Capital Collection)*
* Barbara Moore, **Farewell to the Body**
    Miles David Moore, **The Bears of Paris** *(Capital Collection)*
    Betty Parry, *ed.,* **The Unicorn and the Garden**
* Jay Rogoff, **The Cutoff**
    Robert Sargent, **Aspects of a Southern Story**
    Robert Sargent, **Woman From Memphis**
    M.A. Schaffner, **The Good Opinion of Squirrels** *(Capital Collection)*
* Enid Shomer, **Stalking the Florida Panther**
    Hilary Tham, **Bad Names for Women** *(Capital Collection)*
* Nancy White, **Sun, Moon, Salt**
* George Young, **Spinoza's Mouse**

* *Washington Prize winners*

Requests for our brochure and other information must be accompanied by a self-addressed stamped envelope.